AF235022

LEICHTIGKEIT MEINES LEBENSGEFÜHLS

Wundertütenpoet

VON

TINA HÜSCH

DIE MÖGLICHKEITEN VON POESIE UND GUTER LAUNE

Bibliografische Information der Deutschen Nationalbibliothek: Die Deutsche Nationalbibliothek verzeichnet diese Publikation in der Deutschen Nationalbibliografie; detaillierte bibliografische Daten sind im Internet über dnb.dnb.de abrufbar.

© 2021 Tina Hüsch

Foto: Katharina Nix

ISBN: 9783755712251

Herstellung und Verlag: BoD – Books on Demand, Norderstedt

ABOUT ME

Ich bin mehr Lachen und weniger Weinen, bin mehr Bewirken
und weniger Abwarten.
So voll von kunterbunten Ideen, die mir nie ausgehen.
Etwas wunderwitzig und frech, liebe ich es, neue Dinge auszuprobieren.
Ich mag die Wogen von Emotionen und die Kraftwellen von Freude,
wenn die Strahlen der Liebe mich kitzeln.
Alles in mir hat seine eigene Melodie und Farbe. So wird mir nie
langweilig, wenn die Fee meiner Seele ihre Theatervorstellung gibt.
Ich mache mir nichts aus Stolz und habe einen langen Atem.
Bin etwas naiv, doch so kann ich alles Schöne erkennen und
die Wunder bei ihrem Namen nennen.
Komm und folge mir mit Leichtigkeit, dann lacht das Glück in Dir
zu jeder Zeit.

TINA

FÜR

MEINES GEISTES

KINDERSPIEL ...

Für alle,

die den ungezügelten Leichtsinn

der positiven Emotionen suchen.

Für Dich,

da Du weißt,

dass man nur mit einem leichten Herzen

das Glück einladen kann zu bleiben.

INHALT

EINBLICK, EINSICHT, ERKENNTNIS ...

Unsere Lebensreise kann so herrlich sein, wenn wir das Schöne erkennen und die Leichtigkeit beim Namen nennen.

Unterwegs mitten in unserem Leben sehen wir oft nicht, dass wir den falschen Zielen und Idealen hinterherjagen. Auch dann nicht, wenn alles schiefgeht und in jeder Blickrichtung eine Mauer uns den Weg versperrt.

Wir versuchen Dinge zu verwirklichen, die nicht in unser Leben passen; Ziele zu erreichen, die nicht auf unserem Lebensplan stehen ...

und das alles, weil wir viel zu sehr mit Kleinigkeiten im Außen beschäftigt sind, anstatt in uns hineinzuhören und uns selbst die Chance zu geben, mehr und mehr zu erkennen, was wirklich wichtig im Leben ist.

Denn dem eigenen Geist wird vieles erst klar, wenn er in den Rückspiegel schaut.

Dann nämlich, wenn Jahre vergangen sind und wir reflektieren, dass im Grunde alles zu unserem Besten gelaufen ist, auch wenn wir persönlich mit vollem Körpereinsatz dagegengehalten haben.

So wird es uns letztendlich besser spät als nie bewusst, dass die himmlischen Mächte uns führen und alles zu unserem höchsten Wohle gestalten möchten.

Doch leider ist es nicht immer so einfach, dies erkennen zu können, erst recht nicht, wenn wir in die falsche Richtung rennen. Dabei ist das Glück doch wie das Wasser, es durchströmt und fließt in die ganze Welt und dadurch ist es überall.

Es ist überall und nirgends und kann nicht eingefangen werden, wenn man es am Fließen halten will, sonst reißt der Strom des Glücks ab. Und genau hier kommt die liebe „Leichtigkeit" wieder ins Spiel, denn all die Dinge und Situationen, denen wir im Leben mit Offenheit, Freude und Leichtigkeit begegnen werden, werden uns das Leben verschönern und unser Glück am Fließen halten.

Doch die Lebensabschnitte, denen wir mit Groll, Argwohn und Wut begegnen, werden sich wie ein Stachel in unser Dasein bohren und Schmerzen bei jeder Bewegung hinterlassen.

In unserem Menschenleben gilt es die Balance zwischen Leichtigkeit und Ernst zu finden, so dass wir auch in schwierigen Situationen das Leben als lebenswert ansehen können.

Zwar macht zu viel Leichtsinn unser Leben schnell leichtsinnig, doch zu viel Ernst raubt uns auf Dauer jegliche Lebensfreude.

Wenn man das eigene Leben in die richtige Richtung lenken möchte, sollte man in erster Linie anfangen wieder mehr Kontakt zur eigenen Seele aufzunehmen und nicht so sehr auf das Außen, sondern das eigene Innere achten.

Ist dieser erste Schritt getan, passiert es in ganz vielen Fällen wie von Geisterhand, dass sich einem plötzlich ganz neue Wege eröffnen und man nur die Bereitschaft besitzen muss, diese auch zu gehen.

Vieles geschieht wie von selbst, wenn man aufhört, gegen Windmühlen zu kämpfen, die momentane Lebenssituation akzeptiert und nach vorne schaut. Denn dann kommt die Leichtigkeit, streckt ihre kleine Hand aus und nimmt uns bei der selbigen. Sie zeigt uns mit Frohsinn und Lachen im Gemüt, wie einfach es doch sein kann, wenn man seine Kraft in Dinge steckt, die auch zum Erreichen des eigenen Lebensplans gehören, anstatt sich mit Dingen zu beschäftigen, die einen nur zurückwerfen und der Seele Kummer bringen.

Kennt Ihr auch diese Menschen mit den leuchtenden Augen? Oft sind es gar nicht diejenigen, die das Leben auf Rosen gebettet hat, sondern die, die schwere Schicksalsschläge aushalten mussten.

Doch sie haben die Unbekümmertheit und Mühelosigkeit der Leichtigkeit gelernt und zu ihrem größten Schatz gemacht. Diese Fähigkeit nennt man auch Resilienz, sie schlummert in einem jeden von uns und wartet nur darauf, aufgeweckt zu werden.

Sie ist eine unendlich wundervolle Kraft, auf die wir in unserm Leben bauen können und die uns helfen wird, immer wieder aufzustehen, egal was uns auch geschieht.

Alles im Leben hat seinen eigenen Magnetismus und unterliegt somit ausgleichenden Kräften: Man wird immer das anziehen, was man auch ausstrahlt … Wenn doch nur alle Menschen dieses Geheimnis kennen und für sich nutzen würden, was wäre diese Erde für ein himmlischer Ort.

Sei Dir bewusst, nur wenn Deine Gedanken gut und rein sind, können sie auch Dinge in Dein Leben ziehen, die die gleichen Eigenschaften haben.

Wenn Du Schönes ernten möchtest, kannst Du keinen Hass säen.

Bleiben wir beim Beispiel des Wassers, seien wir unser eigener Fluss und halten unser Leben mit Freude am Fließen, nutzen wir jede Chance und hören auf unsere Seele.

So werden wir die Erkenntnis der Leichtigkeit gewinnen, damit wir mit ihrer Hilfe uns dem Fluss des Lebens hingeben und besser verstehen lernen, dass, wenn Hindernisse auftauchen, es das Klügste ist, diese zu umfließen.

Es bringt nichts ein, stets mit dem eigenen Kopf durch die Wand zu wollen, denn in den meisten Fällen entsteht so nur ein Dachschaden und die Wand bleibt als Hindernis stehen.

Wenn wir lernen, diese einfache Regel zu beherzigen, und dadurch lernen, in Fluss zu bleiben, uns ein Beispiel am Wasser zu nehmen, dann fließt das Leben und das eine Glück kommt zum anderen.

Verändere das, was Du verändern kannst und verändern möchtest, und nimm an, was Du nicht verändern kannst, und schau Dein Leben mit neuen Augen an. Alles fügt sich zu den wunderbarsten Wegen.

Sieh bitte ab heute in keinem Problem mehr ein solches, sieh ab heute in jedem Problem eine Chance, Dein Leben noch schöner und besser zu gestalten. Du wirst sehen, wie so nach und nach was ganz kurios Eigenartiges passiert, denn Du wirst beginnen, Dich über Probleme zu freuen, da in ihnen viele neue Möglichkeiten zur Verbesserung Deines Lebens wohnen.

Wenn wir Leichtigkeit in unser Leben lassen, dann gibt sie uns die Erlaubnis, alle Dinge, die auf uns zukommen, auch leichtzunehmen, der Druck weicht von uns, und nur so kann die Freude wieder ihren Platz in unserem Leben einnehmen. Wir erkennen es daran, wenn wir wieder anfangen uns leichter zu fühlen, weil wir spüren, dass der große Druck, der unser Herz umgab, vergeht. Doch bedenke, Leichtigkeit ist keine einmalige Entscheidung, Leichtigkeit sollte zu Deiner Lebenseinstellung werden, so dass Du lernst, Dich jeden Tag bewusst für den leichten Weg zu entscheiden.

Mach Dir klar, dass Du nicht länger den Gegenwind aushalten musst, sondern dass Du ruhig Rückenwind genießen kannst.

All das wird Dir gelingen, wenn Deine Seele verstanden hat, dass die eigentliche Mühelosigkeit der Zauber der Leichtigkeit ist, denn immer wenn etwas wie von selbst zu laufen scheint, dann bist Du auf genau der richtigen Straße Deines Lebens unterwegs, ohne Umwege und ohne Baustellen.

Verschreibe Dich somit der **Mühelosigkeit**, um die Leichtigkeit in Dein Leben Einzug halten zu lassen, damit alles zusammenfließen kann.

M – otivation
Ü – berall
H – erz
E – uphorie
L – achen
O – ptimismus
S – eele
I – dee
G – lück
K – reativität
E – rfreut
I – nspiration
T – reu

Wenn **Motivation überall** ist und das **Herz** vor **Euphorie** zu **lachen** beginnt, wird der **Optimismus** die **Seele** nie mehr verlassen. Jede **Idee** wird zum **Glück** der **Kreativität** und **erfreut** so die **Inspiration**, sich selbst **treu** zu bleiben.

Wenn Du diese Erkenntnisse einmal für Dich gewonnen hast, kann Dir so schnell nichts mehr passieren, alles ist in den ureigenen Fluss Deines Lebens gekommen und wird Dich nicht mehr verlassen, wenn Du mit Mühelosigkeit die Leichtigkeit bittest, in Deinem Leben eine Rolle zu spielen.

LEICHTSINNSBITTE

Ich hab nur eine Bitte,
ich brauch mehr Leichtsinn für meine Mitte.
Mehr Freude für meine Euphorie,
so vergeht das Lachen nie.
Kann nach all dem Schönen blicken
und im Stillen Grüße schicken.
Werd der Welten Fröhlichkeit erkennen
und die Verrücktheit beim Namen nennen.
So lachen meine Tage vor sich hin,
da ich weiß, wer ich bin.
Deshalb wünsch ich einem jeden Leichtigkeit im Blut,
denn diese tut uns allen gut.
Und so denkt an meine Bitte:
Und bleibt mit dem Sinn der Leichtigkeit
in eurer Mitte,
dann kommen viele Grüße von der Bitte,
ganz gezielt in eure Mitte.

Das Leben wird immer so wundervoll zu Dir sein, wie Du es ihm erlaubst, also beginne großzügig mit der mühelosen Leichtigkeit umzugehen, solange sie nicht zum kopflosen Leichtsinn wird. So hast Du es wieder geschafft, ein weiteres Geheimnis des Lebens Dein Eigen zu nennen.

LASS MIT FREUDE VON NUN AN DIE LEICHTIGKEIT IN DIR BRENNEN, DANN WIRST DU ALL DAS SCHÖNE IM LEBEN ERKENNEN, DU MUSST DICH NUR VON ZU GROSSER ERNSTHAFTIGKEIT TRENNEN.

ERSTER STREICH ...

Auf meiner **Wunschreise** ins Land der **Märchen** musste ich so manchen **Lebenstest** bestehen, doch **Meine Leichtigkeit** ist meine **Eigene Wonne** geblieben.

So ist **Die Fee in mir Ein bisschen Möwe** und genießt den **Duft in der Luft**, denn **Im Jetzt** und Hier gilt: **Musik an und Welt aus**, nur so wird aus dem Leben kein **Entführter Alltagsbrei**.

WUNSCHREISE

Aus meinen Wünschen
werde ich eine Kreuzfahrt machen
und eine Freudenparty entfachen.
Werde den Weg Richtung Kunterbunt lenken
und die Freude meiner Seele erkennen.
So unterwegs in meinem Freudenmeer
genieße ich die Wunder sehr.
Werde meinen Anker werfen,
wo es sich zu tanzen lohnt,
so ist das Schicksal von mir nur Abenteuer gewohnt.
Werde zu allen Glücksinseln segeln
und vergessen alle Regeln,
so werde ich mein eigener Pirat
und habe den Frohsinn für die Welt parat.

MÄRCHEN

Nicht zweifeln zu müssen,
sondern immer neue Frösche küssen
in der Hoffnung, es ist ein Prinz dabei
und die Liebe käme herbei.
Doch dann wäre man nicht mehr frei
und der Atem schwer wie Blei.
So ist es besser vorbei
mit der Liebelei
und die Frösche quaken laut,
weil sich keiner mehr ins Märchen traut.
So haben die Menschen es sich selbst versaut
und die Prinzessin hat das Pferd geklaut.
Ganz mit Verlaub,
haben die Gebrüder Grimm das erlaubt,
oder hab ich ihnen jetzt alles verbaut?
Ach egal, ich hab mich was getraut
und das Märchen ausgeraubt.

LEBENSTEST

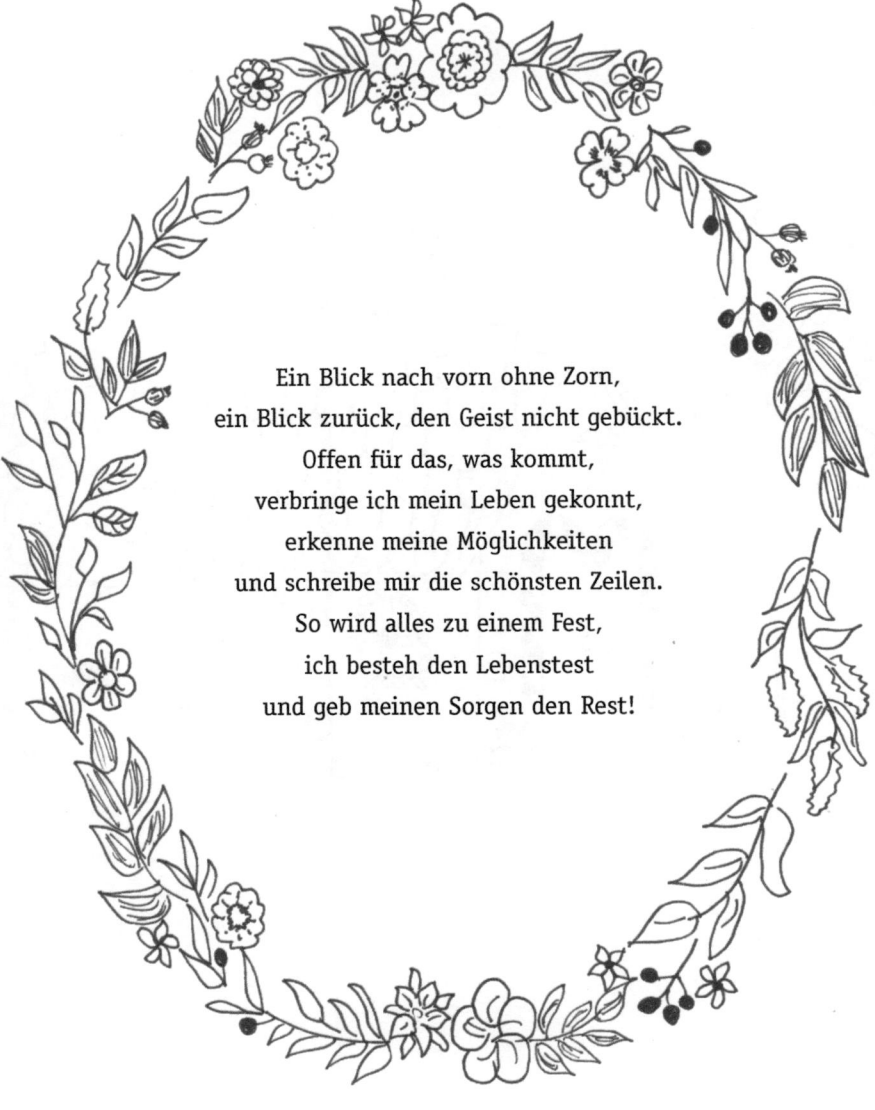

Ein Blick nach vorn ohne Zorn,
ein Blick zurück, den Geist nicht gebückt.
Offen für das, was kommt,
verbringe ich mein Leben gekonnt,
erkenne meine Möglichkeiten
und schreibe mir die schönsten Zeilen.
So wird alles zu einem Fest,
ich besteh den Lebenstest
und geb meinen Sorgen den Rest!

MEINE LEICHTIGKEIT

Für die Leichtigkeit meines Herzens
sind so viele Menschen zu schwer.
Für diese Erkenntnis habe ich lange gebraucht,
hab darüber nachgedacht,
bis es hat Klack gemacht.
Jetzt liebe ich meine Leichtigkeit,
hat sie mich doch von der menschlichen Trübsal befreit.
Nun kann ich fliegen zu den Sternen,
mein Herz an der Sonne wärmen
und zum guten Schluss,
geb ich dem Mann im Mond 'nen Kuss!

EIGENE WONNE

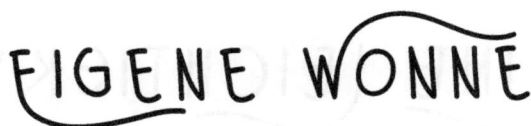

Es ist besser, mal einen Tag zu vergessen,
als nur versessen die Sekunden zu zählen
und sich selbst zu quälen.
Blicke in Richtung Sonne,
sei dir selbst die Wonne,
die deine Seele sucht.
So wird in dir die Freude wohnen,
es wird sich für dein Glücksgefühl lohnen.
Komm und glitzere in den Tag,
so dass sich jedes Wunder wagt,
zu dir über den Regenbogen zu rennen
und sich nie mehr von dir zu trennen.

DIE FEE IN MIR

Wenn die Sonne scheint,
dann leuchten mir die Wunder,
mein ganzes Leben wird viel bunter,
kann in jeder Ecke eine Freude sitzen sehn,
so wird mein Lachen nie vergehn.
Werde auf Einhörnern reitend
den Regenbogen rutschen
und fahren in goldenen Kutschen.
Mich in meiner Märchenwelt aufhalten,
die Reise meines Lebens schön gestalten.
So lebe die kleine Fee in mir,
mit ihr zusammen bin ich mein Wir!

EIN BISSCHEN MÖWE

Bin ein bisschen Möwe,
klein, frech und verrückt,
von allen Meeren dieser Welt verzückt.
Mag es, ein bisschen die Menschen zu ärgern,
damit sie sich nicht durch Langeweile gefährden.
Liebe das Glitzern in der Luft,
höre nicht, wenn mich jemand ruft.
Kaum bin ich da,
bin ich schon weg,
bleibe nie am selben Fleck.
Kann tanzen mit dem Wind,
der das Lied meiner Seele singt.
So fühle ich mich unendlich frei,
wenn die Weite des Himmels ist mit dabei.

Duft in der Luft

Sand an den Füßen,
Wind in den Haaren
und die Sonne im Gesicht,
so verliere ich mich nicht.
Da kann ich sein,
denn so bin ich hier
und mein Leben wird zur Zier.
Da liegt so viel Glück in der Luft,
ein unbeschreiblich schöner Duft.
Die Leichtigkeit hüllt mich ein,
so bin ich hier,
so kann ich SEIN!

IM JETZT

Bleib im Hier und sei im Jetzt,
dann fühlst du dich auch nicht gehetzt.
Das Gestern kann dich nicht mehr beißen
und das Morgen nicht zerreißen.
Wenn du nur das Heute siehst
und nicht vor der Zukunft fliehst,
wird das Gestern dich nicht einholen
und die Möglichkeiten für morgen sind dir gewogen.
Genieße so den Augenblick,
denn er kommt nie mehr zurück.
Sei mit aller Achtsamkeit
für jeden Atemzug bereit,
so gibt dein Schicksal dir Geleit,
und deine Seele ist bereit,
der Welten Wunder zu erkennen
und sie alle bei ihrem Namen zu nennen.

MUSIK AN UND WELT AUS

Musik an, Welt aus.
So geht alles Negative aus dem Kopf raus.
Ich schwebe über die Tanzfläche,
das Glücksgefühl verteilt sich sanft,
es löst sich der Krampf der Angst.

ENTFÜHRTER ALLTAGSBREI

Meine Leichtigkeit vertreibt alles Schwere
und macht meinen Horizont weit,
so dass nur noch Schwerelosigkeit bleibt,
die allen Unmut vertreibt.
So fühl ich mich glücklich und frei,
für jeden meiner Geister ist was dabei,
so entfliehen wir dem Alltagsbrei.

ERKENNTNISSE DES ERSTEN STREICHS ...

ERINNERE Dich an so manche Prüfungen Deines Lebens, denn so waren sie nicht vergebens. Schreibe sie alle hier nieder, dann kommen sie auch nicht wieder.

. . . .
. . . .
. . . .
. . . .
. . . .
. . . .
. . . .
. . . .
. . . .
. . . .
. . . .
. . . .
. . . .
. . . .
. . . .
. . . .
. . . .
. . . .
. . . .
. . . .

37

ZWEITER STREICH ...

Wenn man beginnt, die Leichtigkeit des Lebens zu spüren, dann ist plötzlich überall Glitzer und alles Schwere wird leicht.

KOMM UND SCHWEBE DURCH DEIN LEBEN, MEINE GEDICHTE WOLLEN DIR FREUDE GEBEN.

Auch wenn ... die **Rettungsgasse** verstopft ist, irgendwo ist immer eine **Offene Tür** für den nächsten **Abenteuertrip**.
Da ist ... Meine Galaxie, in ihr ist es **Für den Punkt noch zu früh** und der **Ruhmservice** bedient die **Kunst des Freuens**.
Nimm´s leicht, dieses Leben, sei die **Dicke Hummel**, die keine Probleme kennt, auch wenn das Teufelchen in Deinem Ohr leise **Leider gibt es sie ...** murmelt!

AUCH WENN ...

Es zieht alles vorbei,
deshalb hab keine Angst,
nichts bleibt, wie es ist,
auch wenn du es nicht vergisst.
So werden die Zeiten doch wieder anders werden,
denn der Frohsinn dreht sich hier auf Erden.
Da kann uns das Unglück auf Dauer nicht gefährden,
auch wenn wir alle einmal sterben.

RETTUNGSGASSE

Manchmal braucht man 'ne Rettungsgasse,
sonst bittet einen das Unglück zur Kasse.
Deshalb halte den Weg für sie frei,
dann hast du sie auch dabei.
So kann dir nichts passieren
und du kannst auch was riskieren.
Dann hat dein Leben ein Netz,
auch wenn du dich mal verletzt,
gibt es da immer noch diesen doppelten Boden,
er wird sich in allen Situationen für dich lohnen.
So fühl dich stets wie neugeboren,
denn dann geht gar nichts verloren,
durch das Netz der Rettungsgasse,
auf dass man keine Chance verpasse.

41

OFFENE TÜR

Einfach atmen dürfen macht mich froh,
ich schau durch die Gitterstäbe im Alltagszoo.
Das Leben ist nicht irgendwo,
sondern genau hier,
da kommt es durch die offene Tür,
lacht mir freudig ins Gesicht
und sagt: „Kennen wir uns nicht?"

43

ABENTEUERTRIP

Ich nehm dich mit auf meinen Abenteuertrip,
auf dem es keinen Anfang und kein Ende gibt.
Es wird schon gutgehen,
dieses SEIN,
denn wir sind dann nicht allein.

44

DA IST ...

Da ist ein Regenbogen im Wasser,
Glitzer in der Luft und eine Stimme, die leise ruft.
Da ist diese Magie, die vom Himmel fällt
und mein Sein erhellt.
Da sind die Sterne, die laut leuchten,
als wenn sie nie was andres bräuchten.
Da ist dieses herrliche Glücksgefühl,
es entfacht in mir immer neue Glut
für täglich frischen Mut!

MEINE GALAXIE

Ich hab wieder Textschimmern,
das Schimmern kommt von meinem Wörterglanz mit Buchstabenglitzer.
Alles leuchtet hell und funkelt golden,
so will ich meinen Worten folgen,
in das Land meiner Phantasie,
dort lebt sie, meine Galaxie.
Tief in mir drin
ist sie ein herrlicher Lebenssinn
und meiner Poesie Hauptgewinn.

FÜR DEN PUNKT
NOCH ZU FRÜH

Das ist mein Komma,
denn für den Punkt ist es noch zu früh.
Es sind meine Lebensgeister,
die so fröhlich Funken sprühn,
die so schnell nicht mehr verglühn.
Es sind meine Berge
und es ist mein Meer,
sonst wär meine Seele leer,
durch dieses Wissen ist nichts mehr schwer.
Da in mir die Leichtigkeit wohnt,
fühlt mein Leben sich reich belohnt.

RUHMSERVICE

Einmal Roomservice für mich,
ist das, was meine Seele ausspricht.
Ihr Wunsch ist das Fehlen der zwei o,
die bekommt das Z, so wird´s zum Zoo.
Sie wünscht sich noch ein u herbei,
damit sie ein Stück Unendlichkeit sei.
So soll auch das h nicht fehlen,
denn wer will schon dem Humor das Lachen stehlen.
So ist der Ruhmservice komplett
für meiner Seele Wunschkabinett.

KUNST DES FREUENS

Sich wirklich freuen können, das ist Kunst,
und Freude schenken eine Gunst,
die nur noch wenige verstehn.
Drum lasst uns wieder in die Augen sehen,
an ein besseres Morgen glauben
und der Angst den Schrecken rauben.
So wird die Freude nicht mehr fliehen
und die Leichtigkeit einziehen.
Deshalb glaube an ein neues Morgen
ohne Sorgen mit der Gunst der Freudenkunst.

NIMM'S LEICHT

Nimm´s leicht,
denn es reicht alles das,
was ist nicht leicht,
weil die Leichtigkeit nicht reicht.
So ist des Lebens Glücksgefühl
beschwingt ohne Kalkül.
Schau nach vorn,
da man Vergangenes nicht ändern kann,
und fang einen neuen Anfang an!

DICKE HUMMEL

Ich möchte fliegen können
wie ´ne dicke Hummel Richtung tiefes Himmelblau.
Vergessen wär das Alltagsgrau,
wenn ich mir Traumschlösser aus Wolken bau.
Komm und schau,
wie schön es sein kann,
mit einem frohen Mut
und genug Glut aus dem Süden deines Herzens,
denn dann wird nie wieder was schmerzen.
So flieg ich in Gedanken in das tiefe Himmelbau
und schau lachend auf den Morgentau,
weil ich mich heut was trau!

LEIDER GIBT ES SIE ...

Es gibt sie tatsächlich, diese Leute,
die andere kleinmachen, um selbst groß zu scheinen,
dabei ist ihre Seele eigentlich dauerhaft am Weinen,
weil sie alles so nicht meinen.
Ihr Selbstvertrauen
ist ihnen abgehauen
oder vielleicht war es auch nie da,
so nehmen sie sich selbst nicht wahr,
müssen auf die anderen schimpfen,
um aus ihrer Trauer Kraft zu gewinnen.
Sind überall am Spinnen,
um sich selbst besser darzustellen,
glauben, so der anderen Gunst zu finden,
um sich an deren Leben zu binden,
damit sie was empfinden.

ERKENNTNISSE DES ZWEITEN STREICHS ...

WENN Probleme Dein Leben verengen, ist es wichtig, eine Lücke zu erkennen, alte Brücken zu sprengen und eine Rettungsgasse zu benennen. Notiere Dir hier alle Lücken, dann gibt´s auch keine Tücken, so kannst Du alle Glücke pflücken.

. . . .
. . . .
. . . .
. . . .
. . . .
. . . .
. . . .
. . . .
. . . .
. . . .
. . . .
. . . .
. . . .
. . . .
. . . .
. . . .
. . . .
. . . .
. . . .
. . . .

54

. . . .
. . . .
. . . .
. . . .
. . . .
. . . .
. . . .
. . . .
. . . .
. . . .
. . . .
. . . .
. . . .
. . . .
. . . .
. . . .
. . . .
. . . .
. . . .
. . . .
. . . .

DRITTER STREICH ...

Jetzt, wo Du die Rettungsgassen und offenen Türen in Deinem Leben kennst, musst Du nur noch lernen, sie zu nutzen.

LASS DIR VON MEINEN GEDICHTEN HELFEN, DENN IN IHNEN WOHNEN VIELE KLEINE ELFEN.

Mein Bauchgefühl hat mich noch nie verlassen, sondern sich
Nur versteckt, wenn mein **Wolkenwiesenhimmel Im freien Fall
Die Gier** erblickt hat. Doch **Der Willen wollende Wille** besaß immer
genügend **Feuerglut,** um **Freudestrahlend** mit viel **Glitzer** den
Geburtstag meiner Seele zu feiern. Natürlich darf dabei auch ein
Pinker Elefant nicht fehlen, denn **Meine Liebe** braucht jemanden zum
Tanzen.

MEIN BAUCHGEFÜHL

Ich hab die Schwerkraft besiegt,
hab das Unmögliche hingekriegt.
Werd mich wieder alles traun
und auf mein Bauchgefühl vertraun.
Weiß jetzt, wie es geht, das Fliegen,
die Seele in der Sonne wiegen.
Ich fühl mich glücklich und frei,
hab mich endlich wieder selbst dabei!

NUR VERSTECKT

Das, was mir immer gefehlt hat,
hab ich in mir selbst gefunden.
Es war sehr gut versteckt
und hat mich dann erst mal erschreckt.
Das es eigentlich so einfach ist,
wenn man mit sich selbst mal spricht,
in sich reinhört,
so mehr erfährt,
wer man eigentlich wirklich ist,
bevor man sich noch selbst vergisst.
Die eigenen Farben erkennt
und seine Geister alle beim Namen nennt.
So entdeckt man,
wie zerbrechlich man ist,
also wecke deinen Optimist,
bleibe nicht länger deiner Seele Tourist,
sonst kommt die Zeit,
wo du dich zu sehr vermisst.

WOLKENWIESENHIMMEL

Grüne Wiesen,
Schäfchenwolken
und Bäume, die dem Himmel winken,
entfachen in meinen Augen ein Blinken.
In der Weite meines Seins
darf nie die Schwerkraft Meister sein.
Ich hab mich ganz der Leichtigkeit verschrieben,
so ist meine Seele in Freiheit geblieben
und hat die Traurigkeit aus meinem Leben vertrieben.

IM FREIEN FALL

Bin im freien Fall,
nichts hält mich mehr auf,
bis der eigne Fallschirm geht auf.
Er holt mich, wenn´s brenzlig wird, immer wieder raus,
gerade so fünf Meter vor dem großen AUS!

DIE GIER

Gegen alle Leichtigkeit wirkt die Gier,
sie weckt in uns das wilde Tier,
wir fühlen uns wie ein Vampir.
Haben uns im Außen der Welt verrannt,
unsere Chancen nicht erkannt.
Uns selbst vom Frohsinn abgewandt
ohne den Funken Freude im Verstand,
so geht's nur bis zur nächsten Wand,
dabei wär's viel schöner beim Meer am Strand.

63

DER WILLEN WOLLENDE WILLE

Will die Sehnsüchte meiner Seele stillen
und das ständige Wollen des Willens killen.
Will das Lachen überall entfachen,
so dass sie zurückkommen auf die Welt, die Drachen.
Mit ihrer Drachensanftmut alles Harte verdrängen
und die Ketten sprengen.
Dann wird es wieder wie im Märchen sein,
die Zwerge trinken Limo statt Wein.
Alle werden fliegen können,
denn mit ´ner goldnen Gans unter dem Arm
sind alle Einhörner ganz zahm.
So geh ich still spazieren in mir
und schau hinter jede Seelentür,
denn dann wird die Pflicht zur Kür
und man hat immer ein Wofür
für sein Warum
und keiner ist mehr stumm.

FEUERGLUT

Das Leben ist wie Feuer,
es brennt und es wärmt.
Hast du das erkannt,
ist die Gefahr erst mal gebannt.
Doch um dich zu wärmen,
musst du es am Brennen halten,
nur so kannst du ein Abenteuer daraus gestalten.

FREUDESTRAHLEND

Glücklich im Moment,
weil mir alles um mich rum gefällt.
Das Kitzeln der Sonne auf der Haut,
hab meinen Traum aus Sand gebaut,
ein Abenteuer mich getraut.
Fühl mich wohl in mir drin,
seh in allem einen Sinn.
Alles ist zu meinem Besten gekommen,
sah ich es auch lang verschwommen,
so ist es jetzt klar und da.
Ich hab wieder Vertrauen,
kann auf das Bauchgefühl bauen
und werde mir nie mehr mit Kummer das Leben versauen.

GLITZER

Barfuß über Wiesen laufen,
mich am eignen Sinn berauschen.
Tanzend auf den Blocksberg fliegen,
nie genügend Glitzer kriegen.
Losend ziehen den Hauptgewinn,
so ist meines Lebens Sinn.

GEBURTSTAG

Herzlichen Glückwunsch
an alle, die am Leben sind.
Noch habt ihr alle Möglichkeiten,
so seid ihr für keine Wunder blind.
Fangt an, euren Träumen zu vertrauen,
euch eine eigene Welt aufzubauen.
Sucht in ihr nach den schönen Dingen,
dann wird sie euch auch eine schöne Zukunft bringen.

PINKER ELEFANT

Und immer, wenn ich nicht weiterweiß,
kommt mein pinker Elefant zu mir
und malt Kreise in die Luft,
in denen mein Unwissen verpufft.
So fühle ich mich frei,
hab meinen pinken Elefanten dabei,
er hilft mir, diese Schwere leichtzunehmen
und mich nach Riesenrädern zu sehnen.
Denn bin ich mit ihm oben angekommen,
hab ich eine andere Sicht gewonnen,
alle Sorgen sind zerronnen.
Alles wird so spielzeugklein,
wenn der Elefant mit mir in der Gondel schaukelt
und den Ameisen unter uns eine Mücke vorgaukelt.

MEINE LIEBE

Meine Liebe gilt all jenen,
die wissen, dass sie die ganze Welt nicht retten können,
doch genügend Verrücktheit in sich haben,
es trotzdem zu versuchen.
Sie sind die Helden meiner Welt,
man bekommt sie nicht für Geld,
um sie ist ein positives Feld
voll von schönen Energien,
die bekanntlich nie ausgehen.
Sei auch du einer von ihnen,
dann können wir zusammen der Weltenrettung dienen,
uns gegenseitig mit Schwerelosigkeit anstecken
und unsere Verrücktheit necken,
um neue Wunder zu wecken.

ERKENNTNISSE DES DRITTEN STREICHS ...

WIE oft hat Dich Dein Bauchgefühl schon gerettet, bevor Dich ein Problem hat angekettet?

Schreib sie nieder, Deine Gefühle, dann schaffst Du es immer raus aus dem großen Ärgernisgewühle und hast nur schöne Gefühle.

. . . .

. . . .

. . . .

. . . .

. . . .

. . . .

. . . .

. . . .

. . . .

. . . .

. . . .

. . . .

. . . .

. . . .

. . . .

. . . .

. . . .

. . . .

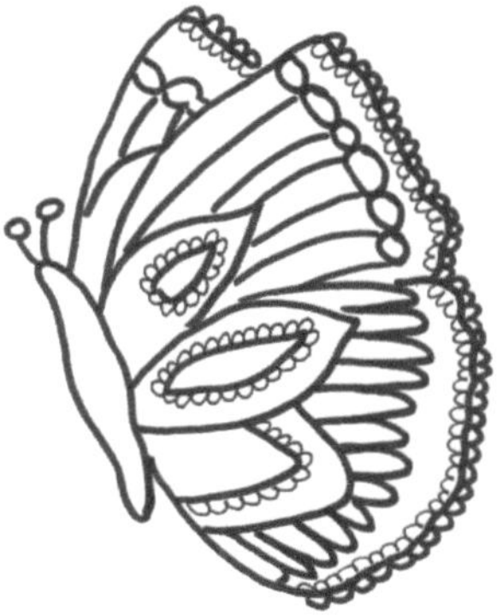

· ·
· ·
· ·
· ·
· ·
· ·
· ·
· ·
· ·
· ·
· ·
· ·
· ·
· ·
· ·
· ·
· ·
· ·
· ·
· ·
· ·
· ·
· ·

VIERTER STREICH ...

Wenn das Bauchgefühl wieder in Dir erwacht, wirst Du immer genug Stärke haben, die Leichtigkeit im Leben zu erhalten und mit ihrer Hilfe das Leben zu gestalten.

LASS DIR NOCH EIN BISSCHEN LEICHTSINN VON MEINEN GEDICHTEN ERZÄHLEN, DANN KANNST DU FÜR DEIN LEBEN DIE SCHÖNSTEN FARBEN WÄHLEN.

Wenn das Herz sich was traut, hast Du das **Passwort** für Deine **Seelenmelodie** gefunden.

Es ist nur ein **Gefühl** und der **Flügelstoß** Deines Herzens wird Dich nie mehr **Loslassen.**

Du erkennst: **Ich bin groß** und es ist ein **Kinderspiel, Die Liebe Genug Gutes** tun zu lassen, für **Eine Welt, wie sie mir gefällt.**

WENN DAS HERZ
SICH WAS TRAUT

Ich kann das Kribbeln spürn
und die Sonne auf der Haut.
Meine Wünsche werden laut.
So fühlt es sich an,
wenn man sich was traut
und seinen eigenen Rummelplatz aufbaut.
Nun kann ich wieder Schiffschaukel fahrn mit vollem Elan,
endlich ist die Welt nicht mehr zu klein
und ich in mir daheim.

PASSWORT

Die Einfachheit der Mühelosigkeit spannt ihre Flügel weit
und ist für jeden Scherz bereit.
So ist es ein Kinkerlitzchen,
ein einfacher Klacks für meines Lebens frechen Max,
der immer seinen Moritz sucht
und täglich ein Abenteuer bucht.
So geht die Spielerei, die Leben heißt,
wenn du für sie das Passwort weißt.

SEELENMELODIE

Meine Seele braucht ihre Schwerelosigkeit,
damit der Kummer der Welt sie nicht treibt.
Sie möchte mit Leichtigkeit fliegen,
sich für keinen verbiegen,
vogelfrei sein
und im Herzen rein.
Sie will Mut haben und so alles wagen.
Sie wünscht sich, ein Leben zu haben,
das in Abenteuern Purzelbäume schlägt
und der ganzen Welt verrät,
wie schön das Leben ist,
wenn man der Seele Melodie nicht vergisst.

GEFÜHL

Ein Gefühl wie Sommer auf der Haut,
mit dem man sich wirklich alles traut
und die Angst nichts mehr versaut,
man endlich auf die Hoffnung des Herzens baut.
Dieses Gefühl nennt sich Leben,
lass uns nicht nur drüber reden,
sondern anfangen zu sein,
dann läuft das Leben von allein.

FLÜGELSTOSS

Ich lebe im HIER,
ich bin im JETZT,
da die Zeit keine Gefühle ersetzt.
Alles, was ich so lang in mir gesammelt hab, muss raus,
bevor das Spiel ist AUS.
So versuch ich, an Höhe zu gewinnen,
denn fürs Fliegen macht das Sinn.
Ich brauch nur einen Flügelstoß
und dann flieg ich mühelos,
all meine Träume werden groß.

LOSLASSEN

Wenn ein Mensch nicht weiß,
was er an dir hat,
dann lass ihn gehen.
Öffne ihm die Tür und schick ihn fort
an einen fremden, weiten Ort.
Befreie dich von der Schwere dieses Menschen,
dafür lohnt es sich nicht zu kämpfen.
Lass dich nicht ins Dunkle ziehen,
beginne vor der negativen Energie zu fliehen.
Denn dieser Mensch ist anders,
als es deinem Herzen schien,
spüre deine eigne Frohnatur,
sie ist Zucker für die Seele PUR!
Dafür brauchst du keinen Energievampir,
denn diese Welt hier gehört DIR!

ICH BIN GROSS

In meiner Welt bin ich groß,
nahezu famos.
Bin ein Scheinriese mit Märchenzwerg,
wohne auf ´nem großen Berg
direkt am weiten, schönen Meer,
das gefällt der Seele sehr.
So kann ich den Möwen beim Jodeln zuhören
und mir selbst die Leichtigkeit schwören,
nun wird die Freude mir gehören
und der Himmel malt die schönsten Farben,
die meine Sandburg anstrahlen.
Sie hat so einen schönen Namen,
„Neuschwanstein" wird sie gerufen
von meinen kleinen Monstergeistern, die sie erschufen.
Ich liebe diesen schönen Ort,
von dort holt mich nie mehr jemand fort.

KINDERSPIEL

Es gibt so viele Arten der Leichtigkeit,
doch die des Herzens ist mir am liebsten.
Denn wenn das Herz Flügel hat,
werden alle Wünsche satt.
Man kann das Blau des Himmels sehen
und der Möwen Sprache verstehen.
Das Leben wird zum Kinderspiel
und die Weite des Horizonts das eigene Ziel,
so wird einem nichts mehr zu viel.

DIE LIEBE

Es gibt so viele große Lieben,
doch am Ende ist keine geblieben.
Noch nicht mal Romeo und Julia
waren für lange Zeit da ...
Am Ende waren sie gar tot
und überall nur große Not.
Deshalb lern dir selbst treu zu sein,
so musst du nichts bereuen,
kannst dich über alles freuen,
dir die eigenen Blumen streuen.
Dadurch kannst du Leichtigkeit sehen,
so wird die Liebe in dir nie vergehen.

GENUG GUTES

Wenn alle dasselbe denken,
würden wir dann in die gleichen Wege einlenken?
Würde dann viel oder wenig gelacht
oder hätten wir alle miteinander Krach
und lägen nächtelang nur wach?
Ich glaube, es ist besser, wenn wir nicht dasselbe denken,
denn dann gibt es genug Gutes, um das Böse abzuwenden,
so wird mein Herz zuckerwattenleicht
und meiner Seele reichts, um fliegen zu können
und mir jeden Morgen einen Grund zu nennen,
der das Lachen in den Tag bringt
und mir frohe Lieder singt.

EINE WELT,
WIE SIE MIR GEFÄLLT

Wolken sind aus Zuckerwatte
und der Mond ein Käsestück,
so ist meine Welt verrückt,
voll von schöner Phantasie
und die vergeht bekanntlich NIE!
Der Regen ist aus Sprit gemacht
und die Sonne ein warmer Ofen,
hinter dem alle Wunder wohnen.
Meine Sicht auf die Dinge
bringt mir Glück,
da sind alle Probleme stets verzückt.
Die Wüsten sind aus Brausepulver
und meine Badewanne ist der Ozean,
so fangen alle Wunder an.
Komm und erschaff dir deine eigne Welt,
mach sie, wie sie dir gefällt.

ERKENNTNISSE DES VIERTEN STREICHS ...

JETZT, wo Du Dein Passwort fürs Leben kennst und Deine Seelenmelodie pfeifen kannst, ist es wichtig, die Noten dafür hier aufzuschreiben, dann werden sie für immer bei Dir bleiben.

. . . .
. . . .
. . . .
. . . .
. . . .
. . . .
. . . .
. . . .
. . . .
. . . .
. . . .
. . . .
. . . .
. . . .
. . . .
. . . .
. . . .

SCHLUSSHOFFNUNG

Ich hoffe,
dass meine Zeilen Dir Flügel der Leichtigkeit
schenken und Du so erkennen kannst,
dass Glück und Freude
auf Dauer nur dort wohnen können,
wo man das Leben leichtnimmt
und nach dem Schönen sucht.
Denn hat man einmal den Fokus dafür gefunden,
werden einem die Wunder so schnell
nicht mehr ausgehen.
Bis bald,
wenn wir uns dort wiedersehen,
wo die Dankbarkeit wohnt ...

Wundertütenpoet

Besuche mich auf

www.wundertuetenpoet.de